www.entdecke.de

Entdecke
die Robben
Robert Hofrichter

Titelbild: Ringelrobbe
Rückseite: Kalifornischer Seelöwe

Seite 1: Spielende Kalifornische Seelöwen
Seite 2: Seelöwe

ISBN 978-3-86659-303-9 4. Auflage 2026

An der Kleimannbrücke 39/41
48157 Münster
Tel.: 0251-13339-0
Fax: 0251-13339-33
E-Mail: verlag@ms-verlag.de
Home: www.ms-verlag.de
Geschäftsführung: Matthias Schmidt
Layout: Ann-Christine Schönenberg
Lektorat und Bildredaktion: Kriton Kunz
Druck: Drusala, Dobrá

Titelbild: C. Wermter – Arco Images GmbH | Rückseite: Eric Isselée – Shutterstock
Vorsatzpapier: Piotr Tomicki

Thinkstock Images International:
Seite 6+7: unten: Korovin
Seite 7: unten: Eric Isselée
Seite 9: oben: Eric Isselée
Seite 12: oben: GlobalP
Seite 13: oben: UrmasPhotoCom
Seite 14+15: IakovKalinin
Seite 14: unten links: JackF
Seite 18 : unten: filipefrazao
Seite 20+21: michaklootwijk
Seite 21: unten Zettel: Zeljko Bozic
Seite 21: unten Krake: zhekos
Seite 21: unten Sepia: Korovin
Seite 21: unten Krebs: Goldeal
Seite 21: unten Muschel: ASIFE
Seite 21: unten Fisch: Arsty
Seite 22+23: John Pitcher
Seite 25: heckepics
Seite 27: unten Waage: JZhuk
Seite 27: unten links: JackF
Seite 30: unten: shalamov
Seite 32+33: digitalr
Seite 32+33: Bälle: Denyshutter
Seite 35: unten links (Schild): Gewoldi
Seite 35: unten Mitte (Schild): Thinkstock
Seite 35: unten rechts (Schild): Gewoldi sigurcamp
Seite 35: unten Mitte (Müll): Wavebreakmedia Ltd
Seite 36+37: Rawpixel Ltd
Seite 44: unten links: pum_eva
Seite 58+59: oben: Nickolya
Seite 59: unten (Buch): Coprid
Seite 59: unten rechts (Illustration): Dorling Kindersley

Arco Images GmbH:
Seite 4+5: Jasper Doest/Foto Natura/ Minden Pictures
Seite 6: oben: Ingo Arndt/Minden Pictures
Seite 6: unten links: NPL/Jenny E. Ross
Seite 6: unten rechts: Tui De Roy/ Minden Pictures
Seite 7: oben: NPL/Alex Mustard
Seite 8: oben: Tui De Roy/Minden Pictures
Seite 9: unten: Norbert Wu/Minden Pictures
Seite 10: oben: Tui De Roy/Minden Pictures
Seite 10: unten: Jan Vermeer/Minden Pictures
Seite 11: Tui De Roy/Minden Pictures
Seite 12: unten: NPL/Claudio Contreras
Seite 14: unten rechts: W. Rolfes
Seite 15: oben: imageBROKER
Seite 16: Tui De Roy/Minden Pictures
Seite 17: oben links: NPL/Alex Mustard
Seite 17: oben rechts: NPL/Doug Allan
Seite 18: oben: NPL/Mark Bowler
Seite 19: oben links: Ingo Arndt/ Minden Pictures
Seite 19: oben rechts: Flip Nicklin/ Minden Pictures
Seite 19: unten rechts: Flip Nicklin/ Minden Pictures
Seite 21: oben links: Hiroya Minakuchi/ Minden Pictures
Seite 21: oben rechts: Chris Newbert/ Minden Pictures
Seite 22: oben links: NPL/Doug Allan
Seite 22: oben rechts: NPL/Kathryn Jeffs
Seite 23: Mitte rechts: Patricio Robles Gil/Sierra Madre/Minden Pictures
Seite 23: unten rechts: Mike Parry/ Minden Pictures
Seite 24: oben: Flip Nicklin/ Minden Pictures
Seite 26: oben: Tui De Roy/Minden Pictures
Seite 26: unten: Nick Garbutt
Seite 28: oben: E. Baccega
Seite 29: oben links: Westend61/ Fotofeeling
Seite 29: oben rechts: Michio Hoshino/ Minden Pictures
Seite 30: oben: Kevin Schafer/Minden Pictures
Seite 31: oben: NPL/Steven Kazlowski
Seite 32: unten links: Michael Weber/ imageBROKER
Seite 32: unten rechts: Jochen Tack/ imageBROKER
Seite 34: Yva Momatiuk & John Eastcott/Minden Pictures
Seite 35: unten links: FLPA/Rebecca Hosking
Seite 35: unten rechts: Rhinie van Meurs/NIS/Minden Pictures
Seite 38: oben: NPL/Oriol Alamany
Seite 38+39: Westend61/Gerald Nowak
Seite 40+41: Yva Momatiuk & John Eastcott/Minden Pictures
Seite 42: oben: Winfried Wisniewski/ Minden Pictures
Seite 42+43: Yva Momatiuk & John Eastcott/Minden Pictures
Seite 43: oben links: Yva Momatiuk & John Eastcott/Minden Pictures
Seite 43: oben rechts: Tim Fitzharris/ Minden Pictures
Seite 44: unten rechts: E. Baccega
Seite 44+45: Sergey Gorshkov/ Minden Pictures
Seite 46: oben: Matthias Breiter/ Minden Pictures
Seite 46+47: Flip Nicklin/Minden Pictures
Seite 47: Mitte links: Matthias Breiter/ Minden Pictures
Seite 47: Mitte rechts: Norbert Wu/ Minden Pictures
Seite 48+49: ALIMDI.NET/ Arterra/ Sven-Erik Arndt
Seite 50: oben: Norbert Wu/Minden Pictures
Seite 51: Michiel Vaartjes/NiS/Minden Pictures
Seite 52: oben links: W. Rolfes
Seite 52: oben rechts: W. Rolfes
Seite 52+53: Erhard Nerger/ imageBROKER
Seite 53: oben rechts: FLPA /Jack Perks
Seite 53: Mitte links: FLPA /Jack Perks
Seite 54: oben links: NPL/Wild Wonders of Europe/Liodden
Seite 54+55: imageBROKER
Seite 55: oben rechts: Flip Nicklin/ Minden Pictures
Seite 56: oben links: NPL/Alex Mustard
Seite 56: oben rechts: NPL/Alex Mustard
Seite 56: unten links: Pete Oxford/ Minden Pictures
Seite 56+57: NPL/Alex Mustard
Seite 58+59: unten: NPL/Wild Wonders of Europe/Sá
Seite 60+61: Steller's Sea Lion/Minden Pictures
Seite 64: Do van Dijck/ Minden Pictures

Shutterstock:
Seite 1: Brandon Alms
Seite 2+3: Willyam Bradberry
Seite 27: unten rechts: Jody Ann
Seite 28+29: Vladimir Melnik
Seite 62+63: Ondrej Prosicky

Sonstige:
Seite 8: unten: Robert Hofrichter
Seite 56: unten rechts: Robert Hofrichter
Seite 59: oben: Maximilian Wagner

Inhaltsverzeichnis

Willkommen in der Welt der Robben!

Robben zählen zu den beliebtesten Meerestieren. Das liegt wohl an ihrer Niedlichkeit, aber auch an der Verspieltheit und Intelligenz. Robben müssen klug sein, wenn sogar das Militär sie für seine Zwecke einspannen möchte: Seelöwen sollen bei der Marine „ihre Vorgesetzten“ vor feindlichen Tauchern warnen, Seeminen aufspüren und verloren gegangene Objekte suchen.

Ganz besonders junge Robben wirken so süß, weil sie dem sogenannten Kindchenschema entsprechen: Sie sind rundlich wie eine Comicfigur oder ein Plüschtier, haben einen großen Kopf und große, runde Augen, mit denen sie treuherzig dreinblicken, sowie ein dichtes, weiches Fell. Tiere mit solchen Merkmalen sprechen sofort mächtig unsere Gefühle an. Der angeborene Beschützerinstinkt erwacht, und wir haben plötzlich das Bedürfnis, diese scheinbar hilflose und reizende Kreatur unbedingt zu beschützen. All das ist kein Zufall: Mit dieser Reaktion auf das Kindchenschema sorgt die Natur eigentlich dafür, dass wir uns liebevoll unseren eigenen Kindern zuwenden.

Einfach riesig!

Die größten Robben und damit auch eines der größten Raubtiere der Welt sind die Südlichen See-Elefanten, deren erwachsene Männchen seltsam rüsselartig vergrößerte Nasen haben. Manche Bullen erreichen unglaubliche sechseinhalb Meter Länge und dreieinhalb Tonnen Gewicht. Die Weibchen sind mit maximal drei Metern und 600 bis 800 Kilogramm deutlich kleiner, wie bei vielen Robbenarten. Die kleinsten Robbenarten wiegen etwa so viel wie eine kleinere, schlanke Frau: 50 Kilogramm.

Robben wie diese Kegelrobbe wirken auf uns sehr sympathisch

Flossenfüßer

Der wissenschaftliche Name für die Robben lautet Pinnipedia, das bedeutet Flossenfüßer. Als Anpassung an das Wasserleben sind die Füße dieser Tiere nämlich zu Flossen umgewandelt.

Bei all der Niedlichkeit einer jungen Robbe könnte man leicht vergessen, dass diese Tiere in der Zoologie, der Wissenschaft von den Tieren, zu den Raubtieren zählen. Ein ausgewachsenes Robbenmännchen, ein Bulle, ist sogar ein wahrlich mächtiges Raubtier mit kräftigem Gebiss. Einige Robbenarten, etwa Seeleoparden aus der Antarktis, können im Ausnahmefall sogar uns Menschen gefährlich werden. Bei Revierkämpfen riesiger See-Elefanten- oder Walrossbullen an den Küsten kalter Gewässer erkennst Du schnell, dass es sich bei diesen Kolossen keinesfalls um Schmusetiere handelt.

Männchen der arktischen Klappmütze können ihre „Mütze“ aufblasen, um Weibchen und Konkurrenten zu beeindrucken

Warum die Bartrobbe ihren Namen trägt, kannst Du sicher leicht erraten

Robben sind sehr intelligent und neugierig. Hier spielt ein Taucher mit einer Kegelrobbe.

Heute leben auf der Erde 34 Arten von Robben. In der Erdgeschichte gab es wesentlich mehr, aber die anderen Arten sind längst ausgestorben. Die ältesten gut erhaltenen Versteinerungen sind ungefähr 27 Millionen Jahre alt – so lange also gibt es diese Tiere schon. Die Vorfahren der Robben sahen wie ein Fischotter oder andere große Marder aus.

Dieses Buch soll Dir helfen, Robben besser kennenzulernen. Du wirst staunen, welche biologischen Wunder man in der Welt der Robben vorfindet!

Nahe verwandt

Sehr nahe mit Robben verwandt sind Hunde, Bären, Kleine Pandas, Skunks, Kleinbären und Marder wie dieser junge Baummarder. Der gemeinsame Vorfahre dieser Tiere lebte vor ungefähr 50 Millionen Jahren.

Robben wie diese Seelöwen sind perfekt an das Leben im Wasser angepasst

Zurück ins Wasser

Die allermeisten Säugetiere leben an Land. Die Robben jedoch gehören zu einer ganz besonderen Gruppe, die man Meeressäuger nennt. Nehmen wir diesen Begriff genauer unter die Lupe.

Meeressäuger bilden keine natürliche Verwandtschaftsgruppe wie Katzen, Paarhufer oder Affen. Vielmehr geht es um unterschiedliche Säugetierfamilien, nämlich neben den Robben auch die Wale und Delfine, die Seekühe und einige Vertreter der Marder oder Otter. Bereits vor etwa 50 Millionen Jahren passten sich ihre durchweg an Land lebenden Vorfahren nach und nach an ein Leben im Meer an. Doch eines konnten sie nicht ändern: Sie atmen wie alle Säugetiere weiterhin mit ihren Lungen und nicht wie Fische mit Kiemen. Auch Meeressäuger müssen darum regelmäßig auftauchen, um frische Luft ein- und die verbrauchte Luft auszuatmen.

So lange!

Manche Robben können bei tiefen Tauchgängen bis zu eine Stunde lang unter Wasser bleiben. Das ist für ein Säugetier eine unglaubliche Leistung!

Alle Robbenarten leben in unmittelbarer Nähe zu Wasser, in aller Regel zum Meer

An Land ist dieser junge Kalifornische Seelöwe aufgrund seiner zu Flossen umgestalteten Füße nicht allzu flink unterwegs. Im Wasser dagegen flitzt er dank dieser Anpassung und seines stromlinienförmigen Körpers nur so durch die Wellen.

Im Gegensatz zu Walen und Seekühen halten sich Robben für die Zeit der Fortpflanzung immer an den Küsten oder auf Eisschollen auf und bringen dort ihre Jungen zur Welt. Sie brauchen in dieser Phase zum Überleben sozusagen festen Boden unter den Flossen. An Land bewegen sie sich zwar schwerfällig, aber bei Bedarf verblüffend schnell.

Dennoch sind die Tiere vor allem an das Leben im Wasser angepasst: Die Vorderbeine sind zu paddelartigen Flossen umgestaltet, die Hinterbeine zu einer Art Schwanzflosse zusammengelegt. Der kurze Schwanz dagegen hat für die Fortbewegung keine besondere Bedeutung.

Das dicke Fettgewebe unter der Haut schützt die Robben gegen Kälte. Die rundlichen Körperformen kommen nicht zuletzt durch diese Fettschicht zustande, die man auch Blubber nennt, genau wie bei Walen. Allerdings wurde das Fett den Tieren vielfach zum Verhängnis, weil es sehr begehrt war und man sie darum stark bejagte.

Auch im Winter bleiben Weddellrobben in der kalten Antarktis. Sie halten sich dann in der dicken Eisdecke ein Loch zum Atmen offen.

Mit ihrem stromlinienförmigen Körper und den zu Flossen umgestalteten Gliedmaßen schießen viele Robben nur so durch das Wasser

Die Haare des Fells sind sehr kurz, dafür aber überdurchschnittlich dicht. Manche Pelzrobben tragen auf einem Quadratzentimeter Haut unglaubliche 60 000 Haare! Zum Vergleich: Menschen haben auf dem Kopf nur rund 160 bis 220 Haare pro Quadratzentimeter. Das bietet den Robben, zusammen mit der dicken Fettschicht, einen ausreichenden Wärmeschutz im kalten Wasser. Die Ohren sind klein, denn große Körperanhänge würden beim raschen Schwimmen nur stören. Aus dem gleichen Grund liegen die Milchdrüsen der Weibchen nicht an der Körperoberfläche. Da das Junge sie deshalb nicht mit dem Maul umfassen kann, spritzt die Mutter ihm die Milch aktiv ins Maul.

Eine blitzschnell schwimmende Robbe gleicht in ihrer Gestalt insgesamt wahrlich einer Rakete – oder da wir uns im Wasser befinden, einem Torpedo. Sie kann 30 bis 40 Stundenkilometer erreichen, was im Wasser sehr schnell ist!

Aber nicht nur der äußere Körperbau wurde bei den Meeressäugern umgebaut. Auch das Funktionieren des Körpers in seinem Inneren, der Stoffwechsel, die Atmung, die Sinne und alles andere hat sich umgestellt, damit diese Säugetiere überhaupt im Wasser leben und auch lange Tauchgänge durchführen können.

Eine dicke Fettschicht unter der Haut und extrem dicht wachsendes Fell halten diese Weddellrobbe auch bei eisigen Minusgraden mollig warm

Nicht salzig, sondern süß!

In allen vier Gruppen der Meeressäuger findest Du trotz ihres Namens manche Arten, die auch oder überwiegend im Süßwasser vorkommen, also in Seen und Flüssen. So lebt die Baikalrobbe als einzige Robbenart ausschließlich im Süßwasser. Wie diese Robbe ist auch ihr Heimatgewässer einzigartig: Der Baikalsee in Sibirien ist mit mehr als 1 600 Metern der tiefste und mit mehr als 25 Millionen Jahren der älteste Süßwassersee der Erde.

Verspielt tummeln sich Galápagos-Seelöwen unter Wasser

Bei Hundsrobben wie diesem jungen Seehund sind äußerlich keine Ohren zu erkennen

Robben mit und ohne Ohren

Die heute lebenden 34 Robbenarten unterteilen Wissenschaftler in drei Familien. Das sind nicht solche wie bei uns mit Eltern und Kindern. In Familien fassen die Zoologen vielmehr solche Arten zusammen, die miteinander verwandt sind, also denselben Vorfahren hatten und darum auch meist ähnliche Merkmale besitzen.

So gibt es 14 Robbenarten mit sichtbaren Ohrmuscheln, die Ohrenrobben, und 19 Arten ohne erkennbare Ohrmuscheln – sie werden Hundsrobben genannt. An den europäischen Küsten kannst Du allerdings nur Hundsrobben beobachten: die Mönchsrobbe im Mittelmeer, die Kegelrobbe, den Seehund und die Ringelrobbe an der Nord- oder Ostsee. Solltest Du aber beispielsweise einmal die amerikanische Westküste besuchen, würdest Du viele Kalifornische Seelöwen sehen – und die gehören zu den Ohrenrobben.

Deutlich sehen kannst Du die Ohren dagegen bei Ohrenrobben wie diesem Guadelupe-Seebären

Die dritte Robbenfamilie sind die Walrosse, die allerdings nur eine einzige Art umfassen

Der Vollständigkeit halber dürfen wir eine ganz besondere Robbenart nicht außer Acht lassen, die für sich allein die dritte Familie bildet: die Walrosse. Sie sind riesig, viel größer als die meisten anderen Robben, mit Ausnahme der See-Elefanten. Um sie zu erblicken, müsstest Du schon sehr weit an die kalten Meere der Nordhalbkugel reisen – und das würde einer richtigen Polarexpedition gleichkommen. Aufgrund eines wahrlich beeindruckenden und auffälligen Merkmals kann man diese Robbe mit keiner anderen verwechseln: Die oberen Eckzähne – man nennt sie auch Hauer – haben sich zu langen, nach unten aus dem Maul ragenden Stoßzähnen entwickelt. Sowohl Männchen als auch Weibchen besitzen solche Hauer, doch sind jene der Bullen in der Regel mächtiger und länger. Ausnahmsweise werden Rekordlängen bis zu einem Meter erreicht, doch meist sind sie bei ausgewachsenen Tieren etwa 50 Zentimeter lang.

Mit ihren Hauern können sich Walrosse gegen Fressfeinde verteidigen, sie als Kopfstütze oder zum Aufbrechen von Atemlöchern im Eis einsetzen – oder als Eiskletterwerkzeug beim Verlassen des Wassers und Hinaufklettern auf eine Eisscholle.

Sogar im Familienleben spielen die Hauer eine entscheidende Rolle: Man kann an ihnen ablesen, welches Geschlecht und Alter der Träger hat und welche Rolle er in der Gruppe einnimmt. In der Regel weichen die kleineren Tiere mit kürzeren Hauern aus. Kämpfe werden so möglichst vermieden. Wenn jedoch zwei Tiere annähernd gleich groß sind, auch gleich lange Hauer haben, kann es zum Kampf kommen, und dann geht es bei diesen Giganten wahrlich nicht zimperlich zu!

Zahn-Geher

Zoologen nennen das Walross wissenschaftlich Odobenus, was „mit dem Zahn gehen" bedeutet. Was hat es mit diesem ungewöhnlichen Namen auf sich? Er rührt von der schon recht alten Beobachtung der Seefahrer her, dass Walrosse sich an Land mit ihren Stoßzähnen vorwärtsziehen können.

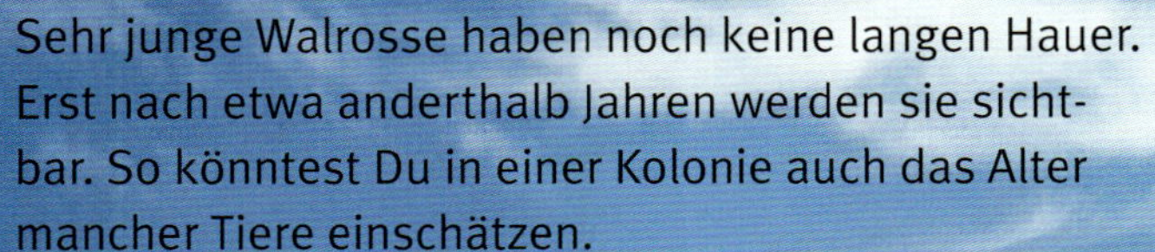

Sehr junge Walrosse haben noch keine langen Hauer. Erst nach etwa anderthalb Jahren werden sie sichtbar. So könntest Du in einer Kolonie auch das Alter mancher Tiere einschätzen.

Alles in allem ist es bei den Robben nicht so schwer, zu einem „kleinen Robbenexperten" zu werden: Sehr große Tiere mit Hauern – das können nur Walrosse sein. Sonst achtest Du auf das Vorhandensein der Ohren und weißt damit gleich, ob es sich um Ohren- oder Hundsrobben handelt. Die Giganten unter den Robben, die See-Elefanten, erkennst Du allein schon anhand ihrer Größe. Ohrmuscheln besitzen übrigens auch sie nicht, denn es sind Hundsrobben.

Nicht alle Robben robben ...

An Land wirkt der Körper einer Hundsrobbe formlos und plump, weniger elegant und nicht so stromlinienförmig wie im Wasser. Die Fortbewegung sieht mühselig und unbeholfen aus. Die Hinterbeine sind praktisch zu einer „Schwanzflosse" geworden und können nicht nach vorne unter den Körper gedreht werden. Die Hundsrobben, beispielsweise die Seehunde, bewegen sich an Land daher „robbend" vorwärts, wie Du es bei der Kegelrobbe rechts im Foto siehst.

Ohrenrobben und Walrosse dagegen können ihre flossenartigen Hinterbeine nach vorne wenden und sich somit an Land auf allen Vieren recht flink fortbewegen. Der Australische Seelöwe links im Foto macht es vor.

Die Baikalrobbe ist die einzige echte Süßwasserrobbe

Verschiedenste Lebensräume

Die allermeisten der 34 Robbenarten leben in den kühleren und kalten bis polaren Meeren der Erde. Da sich in diesen Gegenden meist ausreichend Nahrung im Meer findet, können manche Arten wie die Südlichen Seebären unvorstellbar große Kolonien aus mehreren Millionen Tieren bilden. Eine solch enorme Ansammlung ist vergleichbar mit den größten Millionenstädten der Menschen. Wäre nicht genug Nahrung für diese Unmengen Robben vorhanden, würden die Tiere abwandern oder gar verhungern, wie das manchmal in schlechten Jahren auf den Galápagos-Inseln passiert.

Nur wenige Robbenarten kommen in subtropischen oder sogar tropischen Meeresgebieten vor, also in warmen Regionen. In der Regel sind es jedoch Gegenden, die trotz ihrer Nähe zum Äquator von kälteren Strömungen umspült werden. Zu den berühmtesten Naturparadiesen dieser Art zählen die erwähnten Galápagos-Inseln im Pazifischen Ozean, die durch ihre einzigartige Tierwelt sowie durch den Forscher Charles Darwin und seine Theorie von der Entwicklung der Arten weltberühmt geworden sind.

In den Gewässern und an den Küsten dieser Inselgruppe finden wir gleich zwei Arten von Ohrenrobben. Lange Zeit dachte man, dass die Galápagos-Seelöwen eine Unterart der Kalifornischen Seelöwen darstellen, denen sie sehr ähnlich sehen. Doch haben Wissenschaftler mithilfe moderner genetischer Methoden in den letzten Jahren herausgefunden, dass es sich um eine eigene Art handelt. Derzeit leben rund um die Inselgruppe etwa 50 000 dieser Robben. In zu warmen Jahren kann es jedoch zum Abwandern der Fische und in der Folge zum großen Robbensterben kommen. Etwas kleiner und gedrungener ist die Gestalt der zweiten Art, des Galápagos-Seebären.

Ebenfalls in warmen Meeren leben die berühmten Mönchsrobben, die zu den Hundsrobben zählen. Bis vor Kurzem gab es noch drei Arten von Mönchsrobben, doch jene in der Karibik ist vor wenigen Jahrzehnten ausgestorben. Im Mittelmeer und dem angrenzendem Atlantik leben vielleicht nur noch 400 Mittelmeer-Mönchsrobben. Ihre Verwandten, die Hawaii-Mönchsrobben, dürften mehr als das Doppelte zählen. Beide Arten in den wärmeren Meeren sind stark vom Aussterben bedroht.

Eine Robbenart kommt ausschließlich in einem Süßwassersee vor: die geheimnisvolle Baikalrobbe. Die Entfernung vom Baikalsee zum nächsten Meer beträgt in Luftlinie etwa 2 000 Kilometer. Über verschiedene russische Flüsse, wie den Jenissei, wäre die Entfernung sogar fast doppelt so groß. Es fragt sich also, wie die Robben in den Baikalsee gelangt sind.

Galápagos-Seelöwen lassen sich die Tropensonne auf den Pelz brennen

links: Die Kegelrobbe lebt auch an unseren Küsten rechts: Eine Baikalrobbe schaut aus einem Loch im dicken Eis des Baikalsees

Mit dem Meer war der uralte See seit dem Erdmittelalter, also seit vielen Millionen Jahren, nicht verbunden. Damals gab es noch keine Robben. Trotz aller Anstrengungen konnte die Wissenschaft diese spannende Frage bisher nicht definitiv beantworten. Doch gibt es mehrere schlüssige Annahmen. Entweder sind die Robben von einem heute verschwundenen früheren Randmeer zurückgeblieben, oder sie haben sich im Eiszeitalter über riesige, flache Seenplatten vom Meer immer weiter entfernt, bis sie den See erreicht haben. Eine glaubhafte Theorie geht davon aus, dass die Baikalrobben vor etwa 400 000 Jahren in diesen See gelangt sind.

Eine andere Robbenart lebt ebenfalls in einem Binnensee, den man Kaspisches Meer nennt und der östlich des Schwarzen Meeres in Asien liegt. An und für sich wäre er der größte See der Erde; doch ist es nun ein See oder ist es ein Meer? Von den Ursprüngen her können wir es tatsächlich als Meer ansehen: Es ist ein kleiner Rest des einstigen Seitenarms des Urmittelmeeres. Sein Wasser ist aber über größere Bereiche stark ausgesüßt.

Hier lebt die Kaspische Robbe. Sie ist, ähnlich wie die Baikalrobbe, eine Art mit extrem eingeschränkter Verbreitung. Solche Arten kommen nur an einem einzigen Platz der Erde vor, wie in diesen Fällen an einem einzigen See oder Binnenmeer. Zoologen nennen Tiere oder Pflanzen, die nur in einem bestimmten Gebiet leben, endemisch. Andere Arten wiederum, wie der Seehund, haben riesige Verbreitungsgebiete und kommen an den europäischen, asiatischen und beiden amerikanischen Küsten der Nordhalbkugel vor, im Atlantik und Pazifik.

Zumindest erwähnen sollten wir auch den Ladogasee in Russland, in der Nähe der Grenze zu Finnland. In diesem größten See Europas lebt eine Unterart der Ringelrobbe, und die hat einen Verwandten im Saimaa-See, der wiederum der größte See in Finnland ist. Du siehst: Manchmal haben es einige Robbenbestände geschafft, in isolierten Seen Fuß zu fassen. Auch der Gemeine Seehund, der im Norden überall an den Meeresküsten zu finden ist, bewohnt in Kanada Seeufer.

Doch davon abgesehen sind die Robben reine Meerestiere.

Gemein!

Eine Robbenart heißt „Gemeiner Seehund“ – ist das nun eine besonders fiese Art? Natürlich nicht! Das Wort „gemein“ wurde früher auch im Sinne von „gewöhnlich“, „häufig“ angewendet.

Wie diese Mähnenrobben leben viele Arten in großen Kolonien sehr dicht beisammen

Ein Leben in der Kolonie

Keine anderen Säugetiere unserer Erde kommen in derart unfassbar hohen Zahlen und so dicht zusammen wie die Robben. Sie sind wahrscheinlich die geselligsten Säugetiere überhaupt. Einzelgängerische Robbenarten wie die Rossrobbe aus den südpolaren Gewässern sind eher die Ausnahme als die Regel.

Eine der größten Robbenkolonien der Welt finden wir in Namibia in Südafrika. Sie zählt 200 000 bis 300 000 Tiere auf engstem Raum. Kannst Du Dir vorstellen, wie es in einer solchen riesigen Gesellschaft zugehen muss? Es gleicht einem Wunder, dass die Muttertiere in diesem Gedränge ihr Junges wiederfinden! Dabei kommt ihnen ihr Geruchsinn, doch ebenso ihr Gehör zugute, denn sie erkennen das Baby auch an dessen Stimme.

Hast Du schon einmal darüber nachgedacht, welche Leistung es ist, eine Großstadt wie München, Frankfurt oder Hamburg täglich mit Lebensmitteln zu versorgen? Wie viel Organisation, wie viele Firmen, Transporte, Züge,

Manche Kolonien gibt es auch in unmittelbarer Nähe des Menschen. Hier haben es sich Kalifornische Seelöwen im Hafen von San Francisco gemütlich gemacht

Forscher befestigen Sender auf dem Rücken von Robben. Durch die Signale erfahren sie viel über ihre Lebensweise.

Die junge Bartrobbe saugt am Finger des Wissenschaftlers, der mehr über diese Art herausfinden möchte

LKWs und Fahrer dafür erforderlich sind? Im Fall der Robben sorgt die Natur für all das. Denn eine Kolonie mit hunderttausenden Mitgliedern frisst täglich so viel Fisch, wie ganz Deutschland mit seinen rund 80 Millionen Bürgern an einem Tag konsumiert. Aber nicht überall erzeugt der Ozean derartig viel Nahrung, sondern nur dort, wo verschiedene Strömungen zusammentreffen und die Wassermassen voller Nährstoffe sind. Das ist beispielsweise an den Küsten Namibias der Fall.

Sehr große Robbenkolonien – in früheren Zeiten fanden sich an manchen Stellen sogar Millionen Exemplare – gibt es heutzutage allerdings kaum noch. Schuld sind die massenhaften Abschlachtungen der vergangenen Jahrhunderte.

Über das Leben der Robben, wenn sie nicht gerade an Land oder auf dem Packeis ruhen, wusste man lange Zeit sehr wenig. Ähnlich ist es bei den Seevögeln und anderen Bewohnern der hohen See. Wie sollte man in der Unendlichkeit des Ozeans auch mehr darüber herausfinden? Erst wenn solche Tiere zu den Küsten kommen, kann der Mensch sie beobachten, zählen oder filmen. Wissenschaftler bleiben dann über Wochen vor Ort und beobachten das Verhalten. Doch das hört schlagartig auf, wenn die Tiere wieder in den endlosen Weiten und Tiefen der Ozeane verschwinden.

Erst durch moderne technische Methoden wie kleine Satelliten-Sender, die Signale über die Bewegungen und Positionen der Tiere senden, beginnen wir besser zu verstehen, dass viele Robbenarten weite Wanderungen im Ozean unternehmen und tatsächlich in große Tiefen tauchen können.

Längst sind nicht alle Geheimnisse der Robben geklärt, die ihnen solche Leistungen ermöglichen. Für jüngere Generationen von Meeresforschern bleibt also noch genug zu tun!

Anrüchig

Wenn wir schon den Geruchsinn erwähnt haben: Denke einmal an die Ausscheidungen einer Kolonie mit hunderttausenden Fisch fressenden Robben – und zusätzlich an jene der Milch trinkenden Jungtiere. Kein Wunder, dass es rund um die Robbenkolonie meilenweit entsprechend „duftet“. Manche Menschen halten diesen Gestank gar nicht aus!

Biologen entlassen eine junge Bartrobbe, die sie untersucht haben, wieder ins Meer

Lecker! Der Speiseplan der Robben

Robben machen ihrer Verwandtschaft, zu der sie zählen, den Raubtieren, alle Ehre. Sie fressen ausschließlich Fleisch und keinen Seetang oder Seegras. Der Zoologe nennt diese Art der Ernährung carnivor, also fleischfressend. Vielleicht überrascht es Dich, doch trifft das keinesfalls auf alle Raubtiere zu. Beispielsweise Bären, die mit Robben eng verwandt sind, ernähren sich zu einem großen Teil von pflanzlicher Kost. Wissenschaftler nennen diese Ernährungsweise omnivor – allesfressend. Allerdings ist der Eisbär auch einer der gefürchtetsten Fressfeinde von Robben in der Arktis.

Unglaublich lang!

Robben haben einen sehr großen Magen und einen extrem langen Dünndarm. Beim Südlichen See-Elefanten ist der Darm rund 100 Meter lang und erreicht damit das 20-Fache der Körperlänge! Normalerweise haben Fleischfresser einen eher kurzen Darm. Bei der Hawaii-Mönchsrobbe ist der Darm insgesamt immerhin noch zwischen 8 und 18 Meter lang. Den Grund für diese extreme Darmlänge der Robben haben Wissenschaftler bisher noch nicht herausgefunden.

Fisch bildet einen wichtigen Nahrungsbestandteil von Robben, in der Natur und wie hier im Zoo

Einen Kraken hat dieser Neuseeland-Seebär erbeutet

Ein Seelöwe versucht, sich aus dem Schwarm einen Fisch herauszufangen

Die allerwichtigste Nahrungsquelle der Robben, vor allem wenn sie schon erwachsen sind, bilden die Fische, gefolgt von Kopffüßern wie Kraken, Sepien und Kalmaren sowie von Krebsen, Muscheln und anderen wirbellosen Meerestieren.

Einige Arten der Robben sind jedoch Nahrungsspezialisten. Der Seeleopard etwa erbeutet vor allem andere Robben und Pinguine. Der Krabbenfresser frisst als einzige Robbe Plankton, vor allem Krill. Das sind kleine Krebschen, von denen sich auch die großen Bartenwale ernähren.

Rechts siehst Du einige der Tiere, die Robben gerne fressen

Schwertwale tauchen knapp vor der Eisscholle einer Weddellrobbe unter. Die dadurch erzeugte Wasserwelle spült die Beute von ihrem nur scheinbar sicheren Ruheplatz.

Vorsicht, Feind!

Es ist einleuchtend, dass es im Ozean nicht viele Tiere gibt, die einem ausgewachsenen Bullen der großen Robbenarten gefährlich werden könnten. Enorme Körperfülle bedeutet automatisch auch Schutz. Je größer man ist, desto unwahrscheinlicher wird der Angriff eines Raubtiers. Doch Weiße Haie und Schwertwale, auch Orcas genannt, können es wagen, selbst Seebären anzugreifen, und auf kleinere Robben haben sie es ohnehin abgesehen. Auch der Eisbär ist ein geschickter Robbenjäger.

Schutz und Verhängnis

Warum leben Robben gern in großen Gruppen? Die meisten Robbenarten können sich nicht besonders effektiv gegen Angreifer wehren, beispielsweise Haie, Orcas und andere Robben, wie etwa Seeleoparden. Die riesigen Ansammlungen, die sie an Küsten oder auf Eis bilden, bieten einen gewissen Schutz für das einzelne Tier. Außerdem finden sie hier Partner zur Fortpflanzung. Zugleich wurden den Robben diese riesigen Ansammlungen zum Verhängnis, als ein neuer Feind aufkam: der Mensch. Der hatte dann beim Abschlachten leichtes Spiel.

Eisbären zählen zu den Hauptfeinden arktischer Robben

oben: Diese Robbe war nicht vorsichtig genug
unten: Ein Weißer Hai ist mit großer Geschwindigkeit unter der Robbe heraufgeschossen und hat sie erbeutet

Bei der Bartrobbe sind die Tasthaare besonders stark ausgeprägt

Ein Schnurrbart zum „Sehen“

Robben verlassen sich bei der Jagd und natürlich auch sonst auf ihre hervorragenden Sinne. Das Hören funktioniert bei Robben im Wasser viel besser als an Land. Sie können unter Wasser auch sehr genau orten, aus welcher Richtung ein Geräusch kommt.

Ähnlich verhält es sich mit dem Sehsinn: An Land sehen Robben wenig scharf und nehmen vor allem größere Objekte und Bewegungen wahr, denn ihre Augen sind daran angepasst, unter Wasser scharf zu sehen. Dennoch sind die Augen für den Jagderfolg nicht allein verantwortlich. Wissenschaftler haben nämlich festgestellt, dass selbst blinde Robben noch Fische fangen können. Wie ihnen das gelingt? Eine entscheidende Rolle dabei spielt der Tastsinn. Damit im Zusammenhang stehen die Vibrissen, die Sinneshaare auf der Oberlippe. Dass sie für Robben eine besondere Rolle spielen, zeigt allein schon ihre Länge: Mit 48 Zentimetern können diese Tasthaare bei Robben länger und kräftiger sein als bei jeder anderen Säugetierart! Selbst wenn die Tiere ihre Beute weder hören noch sehen noch riechen können, sind sie dazu in der Lage, sie allein mit ihren Vibrissen wahrzunehmen und zu verfolgen.

Babys mit der Nase finden

Der Geruchssinn ist bei Robben nicht von so überragender Bedeutung wie bei vielen Landraubtieren. Für die Nahrungsgewinnung spielt er keine große Rolle. Allerdings ist er dennoch wichtig, etwa wenn Männchen nach fortpflanzungsbereiten Weibchen schnüffeln oder wenn das Muttertier sein Junges in den oft riesigen Kolonien von tausenden oder gar hunderttausenden Tieren mit der Nase ausfindig macht.

Das Wasser ist voller Turbulenzen, sozusagen „Wellen unter Wasser", von denen wir nur die ganz starken wahrnehmen können. Anders die Robben: Sie können jene Turbulenzen, die sie selbst beim Schwimmen erzeugen, außer Acht lassen, wie auch die sonstigen Bewegungen des Wassers. Mit ihren Sinneshaaren verfolgen sie schließlich nur die turbulente Spur ihrer Beute, vor allem der Fische. Selbst der flinkste Fisch hat schlechte Karten, diesen perfekten Jägern zu entkommen, die mit ihren Sinneshaaren „sehen". Die unsichtbaren Turbulenzen führen die Robbe direkt zu ihrer Beute.

An Land sehen Robben nicht besonders scharf. Ihre Augen sind an das Sehen unter Wasser angepasst.

Ein Männchen, viele Weibchen

Rossrobbe mit ihrem Jungen. Diese Art ist eine der wenigen einzelgängerischen Robben.

In der Natur finden wir die verschiedensten Lebensweisen, die Dir manchmal ungewöhnlich vorkommen mögen. Keine von ihnen kann uns Menschen sozusagen als Beispiel dienen, keine ist „besser“ oder „schlechter“. Tiere kennen keine Moral in dem Sinn, wie wir Menschen das Wort verwenden, kein „gut“ und „böse“. Jede Tierart hat eine spezielle Lebensweise, jede besitzt eine bestimmte soziale Struktur. Darunter versteht man die Art und Weise, wie die einzelnen Tiere einer Art zusammenleben: Handelt es sich um Einzelgänger, kommen die Tiere in Familienverbänden vor?

Die allermeisten der 34 Robbenarten leben gesellig. Bei manchen Arten wie bei Kegelrobben sind die Familienverbände oder Kolonien klein, bei anderen umfassen sie unfassbare zehntausende oder gar hunderttausende oder Millionen Einzeltiere. Nur wenige Arten wie die Rossrobbe sind einzelgängerisch.

Haben die Männchen nur ein Weibchen, mit dem sie dauerhaft, bei einzelnen Arten sogar ein Leben lang zusammenbleiben? Oder beanspruchen die Männchen sogenannte Harems von mehreren bis zahlreichen Weibchen? Wenn ein Männchen nur ein Weibchen hat, spricht der Zoologe von Monogamie oder auch Einehe, solche mit mehreren Weibchen nennt man polygam.

Eifersüchtig bewacht das riesige Männchen des Stellerschen Seelöwen seinen Harem

Stell Dir einmal vor, ein außerirdischer Zoologe käme auf die Erde, um die Tiere unseres Planeten zu studieren. Tierarten gibt es unzählige, er hätte für die einzelnen Arten also nicht viel Zeit. Was könnte er allein durch einen kurzen Blick auf ein Männchen und ein Weibchen einer Robbenart über ihre soziale Lebensweise herausfinden? Es ist verblüffend, aber er könnte damit tatsächlich erkennen, ob die Männchen monogam oder polygam leben, ob sie also nur ein Weibchen haben oder mehrere. Doch wie wäre dies möglich – nach bloß einigen Sekunden der Tierbeobachtung?

Allein die Körpergröße der beiden Geschlechter im Vergleich würde es unserem angenommenen Besucher verraten. Bei Säugetierarten, die in Einehe leben, können die Geschlechter annähernd die gleiche Körpergröße haben. Doch denken wir an die riesigen See-Elefanten: Bei ihnen erreichen die Bullen, die Männchen also, sechseinhalb Meter Länge bei bis zu dreieinhalb Tonnen Gewicht. Ein Weibchen, eine Kuh, wird maximal halb so groß, und sein Gewicht beträgt nicht einmal ein Drittel des Gewichts der Bullen.

Der außerirdische Zoologe würde somit auf den ersten Blick vermuten: Diese Art lebt in Vielehe. Und er würde Recht behalten: Zur Paarungszeit finden sich die ansonsten einzelgängerischen See-Elefanten in riesigen Kolonien zusammen, in denen auf einen Bullen zehn bis zwanzig Kühe kommen. Die Männchen besitzen Harems, die sie bis aufs Blut gegen andere Bullen verteidigen. Häufig kämpfen sie in dieser Zeit gegeneinander. Die größeren und schwereren Männchen, die sogenannten Strandmeister, sind zugleich die stärkeren, und sie gehen aus den Kämpfen in der Regel als Sieger hervor. Sie können dann einen Harem verteidigen und mit vielen Weibchen Junge bekommen, also ihre Eigenschaften durch ihre Gene weitergeben. In zehntausenden und hunderttausenden von Jahren werden somit die Bullen immer größer, weil sich immer nur die größten fortpflanzen. Dadurch steigt auch der Größenunterschied zwischen Männchen und Weibchen immer weiter. Und so ist es bei den meisten Robbenarten, denn fast alle sind polygam.

Wenn sich unser außerirdischer Zoologe auf unserem Planeten weiter unter den Säugetieren umsähe, fände er auch entgegengesetzte Beispiele, etwa im Regenwald Nordostasiens bei unseren entfernten Verwandten, den Gibbons. Sie leben in strikter Einehe. Männchen und Weibchen haben die gleiche Körpergröße. Allein aufgrund der Größe könnte er sie nicht unterscheiden.

Männchen (rechts) und Weibchen (links) sind bei vielen Robbenarten sehr unterschiedlich groß

Ist die junge Sattelrobbe nicht putzig?

Süße Babys

Die Jungen aller Robben kommen weit entwickelt zur Welt. In der Regel wird ein einziges Jungtier geboren, aber auch Zwillingsgeburten wurden bereits beobachtet.

Wie Du bereits weißt, sind Robben Säugetiere. Wie es sich für Säugetiere gehört, besteht zwischen der Mutter und ihrem Jungen eine sehr starke Bindung. Säugetiere heißen so, weil sie ihre Jungtiere mit der Muttermilch säugen – und das ist wahrlich die beste Nahrung für den Nachwuchs. Die Milch der Robben wäre für ein Menschenkind jedoch wohl etwas schwer verdaulich: Sie ist, ähnlich wie bei Walen, mit bis zu 50 Prozent Fettgehalt sehr fettreich und wasserarm. Das trägt dazu bei, dass das Junge viel Energie erhält und rasch wächst. Nur ein Vergleich: Die besonders fettreiche Vollmilch im Supermarkt hat in der Regel nur 3,6 Prozent Fettgehalt!

Links ein Muttertier, rechts zwei schon tüchtig herangewachsene Jungtiere der Sattelrobbe

links: Robbenmilch ist sehr nahrhaft! rechts: Zärtlich beschnuppern sich Mutter Sattelrobbe und ihr Baby

Die Säugezeit der Robben ist von Art zu Art recht unterschiedlich: Klappmützen säugen nur vier bis sechs Tage – und das ist ein (Kürze)Rekord unter den Säugetieren. Sattelrobben geben ihren Jungen zwei Wochen lang Milch, Bartrobben drei Wochen, Seehunde vier bis fünf Wochen, die Mönchsrobbe durchschnittlich vier Monate und Ohrenrobben wie der Seebär sechs bis acht Monate. Ohrenrobben haben somit offensichtlich die wesentlich längeren Säugezeiten. Viele Hundsrobbenarten besitzen ein Paar Zitzen dicht hinter dem Bauchnabel. Mönchsrobben haben zwei Paare, von denen das vordere vor dem Bauchnabel liegt.

Die Bindung der Mütter zu den Jungtieren erlischt nach der Säugeperiode – die Mutter gibt dem Jungen dann allmählich weniger Milch. Man sagt, sie entwöhnt es. Bindungen oder Beziehungen, die über die Paarungszeit oder die Säugezeit hinausgehen, gibt es bei den Robben nicht – anders als bei manchen Landraubtieren.

Bitte spielen!

„Jetzt solltest Du mit dem Spiel aufhören und endlich lernen!“ Einen solch unerfreulichen Aufruf wird ein Robbenkind nie erleben. Denn Spielverhalten ist ein Ausdruck von Intelligenz und – es ist ein Weg des Lernens! Spielverhalten ist auch bei den Meeressäugern besonders in der Jugendphase stark ausgeprägt, denke nur an Robben und Delfine! Das neugierige Erkunden der Umwelt und das wenig ernsthafte Spielen haben also eine enorm große Bedeutung. Das ist bei uns Menschen nicht anders!

Dieser clevere Seelöwe weiß, dass vom Tisch des Fischers Reste für ihn abfallen werden

Mensch und Robbe

Menschen haben seit Urzeiten Robben gejagt, weil sie ihr Fleisch verzehrten, ihr Fett verwendeten und ihr Fell auf vielfache Weise nutzten. Das Jagen junger Robben wegen ihres wunderschönen Fells ging bis in unsere Tage weiter. Jedoch protestierten immer mehr Menschen weltweit dagegen. Nur wenige Menschen auf der Erde, so etwa die Eskimos im hohen Norden, sind traditionell auf die Jagd einer bestimmten Anzahl von Robben im Jahr angewiesen. Eine solche beschränkte traditionelle Bejagung durch die Urbevölkerung sollten auch Tierfreunde akzeptieren können.

Ganz anders verhält es sich mit Menschen, die aus Gier nach purem Luxus Pelze von jungen Robben tragen. Damit wird ein millionenschweres Geschäft betrieben. Doch die Käufer solcher Pelze machen sich zu wenige Gedanken darüber, dass junge Robben dafür brutal mit Keulen zu Tode geprügelt oder mit Gewehren erschossen werden. Viele Tiere überleben die Schläge, ihnen wird also bei lebendigem Leib das Fell abgezogen! Es sind vor allem die Jungtiere, die Robbenbabys, die wegen ihres weichen Pelzes gejagt werden.

Wo Robben nicht gejagt werden, können sie unheimlich zahm werden

Eskimos müssen auch heute noch Robben jagen, um überleben zu können

Auch nach Deutschland wurden Robbenpelze verkauft, in manchen Jahren mehr als 10 000 Felle. Abnehmer fanden sich in allen westeuropäischen Ländern. Erst im Mai 2009 erließ das EU-Parlament ein weitreichendes Handelsverbot für Robbenfelle und andere aus Robben hergestellte Produkte. Doch in verschiedenen Teilen der Welt geht die Robbenjagd legal und illegal weiter. Selbst in Europa kann man für viel Geld auf Robbenjagd gehen – so etwa in Norwegen!

Geschichtliches zur Robbenjagd wissen wir zum Beispiel aus der Mittelmeerregion, in der sich unsere Zivilisation entwickelt hat. Besonders spannend ist die Tatsache, dass sich nicht nur unsere direkten Vorfahren der Art *Homo sapiens* der Robbenjagd gewidmet haben. Auch unser ausgestorbener Vetter, der Neandertaler, hat Robben gejagt, wie zahlreiche archäologische Funde belegen. Bereits vor ungefähr 130 000 Jahren hat der Neandertaler in Europa gelebt. Verblüffend, wie viele Meerestiere unsere Verwandten verzehrten, wenn sie an Küsten lebten! Gegessen haben sie nicht nur Fisch, sondern auch diverse Meeresfrüchte – und eben sogar Mönchsrobben, Delfine und Meeresschildkröten. Manche der gefundenen Knochen zeigen typische Spuren der Neandertaler-Steinwerkzeuge. Die Robbenreste stammten vor allem von Jungtieren, woraus man schließen kann, dass die Neandertaler die Wurfsaison der Robben nutzten, um leicht an Beute zu kommen.

Vor etwa 30 000 Jahren sind dann die Neandertaler aus nicht genau verstandenen Gründen ausgestorben. Doch unsere direkten Vorfahren der Art *Homo sapiens* machten mit der Robbenjagd munter weiter.

Mit Farbspray gegen das Abschlachten

Seit Jahrzehnten kämpfen Natur- und Tierschützer gegen das barbarische Abschlachten der Jungrobben. Dabei greifen sie nicht selten zu kuriosen Methoden: Man besprüht etwa die Felle der Jungrobben mit Farbe und entwertet sie dadurch. Letztlich bewahrt man sie auf diese Weise vor dem Tod. Dafür wurden die Artenschützer in Kanada verhaftet und wegen Tierquälerei angeklagt!

Robben in Zoos und Themenparks

Robben werden seit Langem in Zoos, Tiershows, Themenparks und Delfinarien vorgeführt. Besonders beliebt sind die Fütterungen und das Vorführen von Kunststücken, die man den Robben beigebracht hat. Am häufigsten werden die schlanken und flinken Kalifornischen Seelöwen dressiert. Du kommst aus dem Staunen nicht mehr heraus! Die oft witzigen Vorführungen mit Bällen, Reifen und Sprüngen wirken recht verspielt, und Du kannst leicht den Eindruck gewinnen, dass es den Tieren dabei gut geht und die Show ihnen Spaß macht.

Doch die Menschen lernen dazu. Schon lange wissen wir, dass Tiere des offenen Ozeans in einem relativ kleinen Betonbecken ohne viele Artgenossen nur schwerlich dauerhaft „glücklich" werden können.

Zoos erfüllen heute trotz dieser Einwände eine wichtige Funktion. Sie bieten uns einen kleinen Ersatz für die verloren gegangene Natur. Wichtig ist, dass wir dabei möglichst viel über Arten- und Naturschutz lernen. Und dass wir bei den Zoobesuchen heute mehr an das Wohlbefinden der Tiere denken und nicht nur an unser eigenes Vergnügen. Ein gut geführter Zoo erzieht uns dazu, den Tieren Respekt entgegenzubringen und sorgt für bestmögliche Lebensbedingungen. Die kleinen Kunststücke, die die Robben zeigen, machen im Idealfall nicht nur den Zuschauern, sondern auch den Tieren Spaß.

So ist es heute kein Problem, einen gut geführten Zoo zu besuchen. Am besten ist es, sich vorab im Internet zu informieren, welcher Zoo Robben hält. Spannend ist die erst 2008 eröffnete Robben-Forschungseinrichtung in Rostock-Warnemünde, die zu den größten dieser Art in Europa zählt. Auch der Westküstenpark St. Peter-Ording ist zu erwähnen, wo man ein „Robbarium" eingerichtet hat.

links: Küsschen! Das Training bietet den Robben eine wichtige Abwechslung in ihrem Alltag. rechts: Zur Belohnung gibt es jede Menge Fisch

Seelöwen sind unglaublich geschickt. Klar, dass ihre Kunststücke bei den Besuchern gut ankommen!

Hoffnungslos verstrickt hat sich dieser Kerguelen-Seebär in ein altes Fischernetz

Robben in Gefahr

Heute spielen Robben als Nahrung für die wachsende Weltbevölkerung keine besondere Rolle. Viele Arten und Bestände sind zum Glück streng geschützt. Doch unsere Welt verändert sich, worauf manche Robbenarten sehr empfindlich reagieren. Einige Arten sind im letzten Jahrhundert ausgestorben. Auch der Mönchsrobbe des Mittelmeeres könnte dieses Schicksal drohen, wenn wir keine strengen Maßnahmen zu ihrem Schutz ergreifen!

In dicht und lange besiedelten Gebieten – wie dem Mittelmeerraum – spielte neben der Jagd auch der Hass der Menschen auf Nahrungskonkurrenten eine Rolle. Robben verspeisen Fische und andere Meerestiere und beschädigen Netze, darum wurden sie von Fischern verfolgt.

Dennoch ist heute der Hauptgrund für die Bedrohung der Arten in den meisten Fällen nicht mehr die direkte Bejagung. Vielmehr sind es globale Umweltveränderungen wie Klimawandel, Verschmutzung des Meeres durch Schadstoffe, die sich dann in den Körpern der Robben sammeln und ihre Gesundheit beeinträchtigen, sowie Überfischung und der daraus resultierende Nahrungsmangel.

Gift!

Die Verschmutzung des Wassers durch eine schier endlose Zahl hochgiftiger Stoffe bedroht jede einzelne Robbe auf unserem Planeten. Die unsichtbare, schleichende Gefahr breitet sich über die Nahrung aus. Gifte werden in unzähligen kleinen Körpern angehäuft (Plankton, kleinen Fischen). Noch mehr davon findet sich dann in Tieren, die solch kleine Beute fressen, etwa größeren Fischen. Die geballte Ladung Gift bekommen dann die großen Raubtiere ab, zu denen die Robben zählen. Das Gift schwächt das Immunsystem, verursacht Krankheiten und führt zum frühzeitigen Tod der Tiere.

Wenn durch die Klimaerwärmung das Eis schmilzt, werden Walross und andere Robben es sehr schwer haben

Eine achtlose weggeworfene Rolle Klebeband verschließt der Hawaiianischen Mönchsrobbe, die damit spielen wollte, das Maul

Artporträts: Lerne einige ausgewählte Robbenarten kennen!

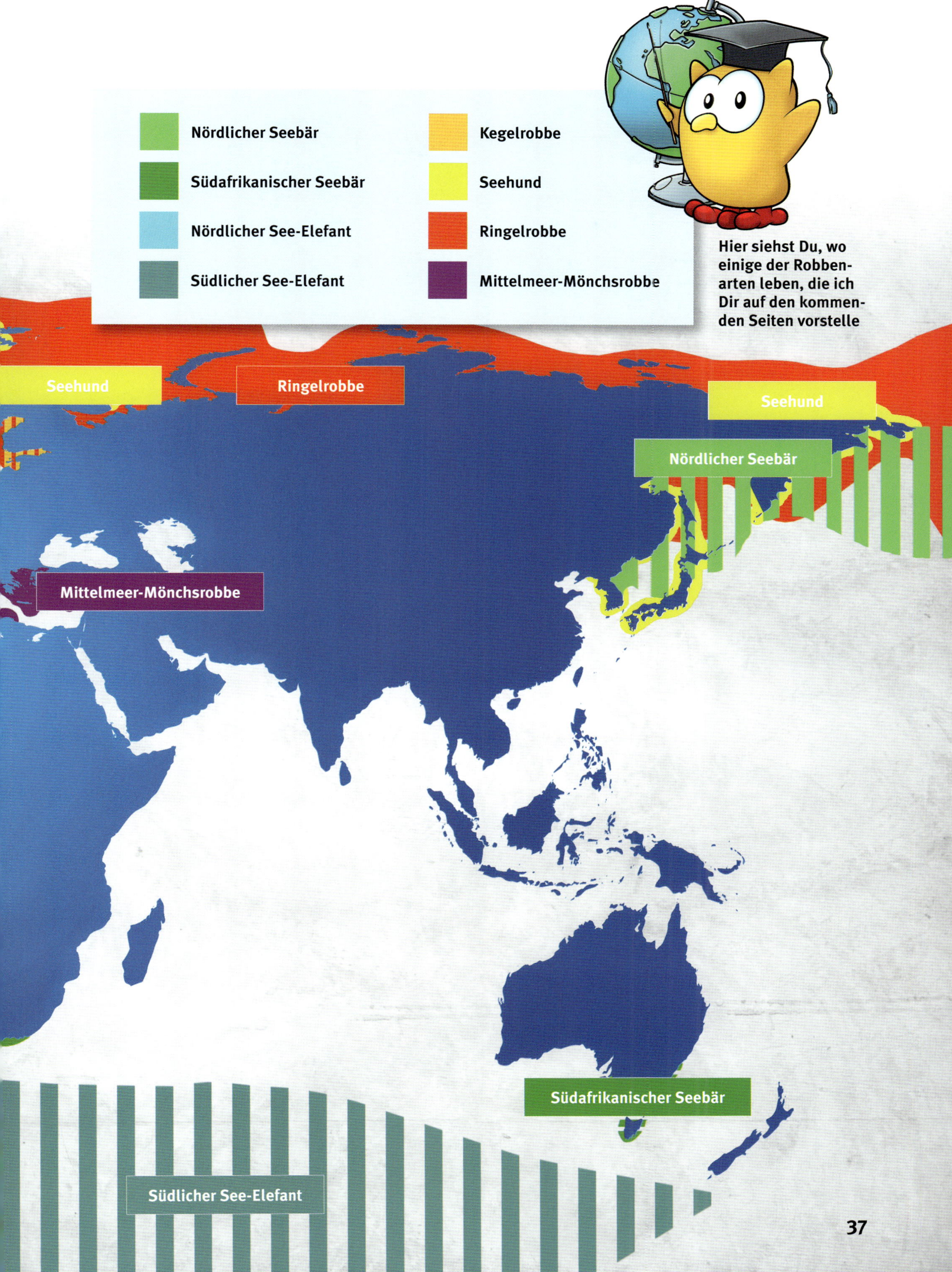
Nördlicher Seebär
Südafrikanischer Seebär
Nördlicher See-Elefant
Südlicher See-Elefant
Kegelrobbe
Seehund
Ringelrobbe
Mittelmeer-Mönchsrobbe
Hier siehst Du, wo einige der Robbenarten leben, die ich Dir auf den kommenden Seiten vorstelle
Seehund
Ringelrobbe
Seehund
Nördlicher Seebär
Mittelmeer-Mönchsrobbe
Südafrikanischer Seebär
Südlicher See-Elefant

Nördliche Seebären wurden früher extrem stark bejagt

Seebären: flauschige Wanderer

Wenn Du über einen „alten Seebären“ hörst oder liest, dann wirst Du darunter wahrscheinlich einen Seemann mit allerhand Erfahrung beim Befahren der Ozeane verstehen. Die Arten zweier Gattungen von Ohrenrobben werden jedoch ebenfalls „Seebären“ genannt. Speziell die Bullen der Seebären sind sehr kompakt gebaut und unterscheiden sich allein dadurch von den viel schlankeren Seelöwen. Was die Seebären auszeichnet, ist ihr dichtes, wolliges Fell.

Seebären leben sowohl im hohen Norden als auch im Süden unserer Erde. Allerdings ist es im Norden nur eine Art, der Nördliche Seebär, im Süden hingegen sind es acht verschiedene, aber recht ähnliche, die alle zu einer Gattung zählen: die Südlichen Seebären. Der Nördliche Seebär ist allerdings mit den Südlichen Seebären nicht besonders eng verwandt. Gemeinsam ist ihnen neben dem wolligen Fell die „bärige“, gedrungene Gestalt vor allem der Bullen. Denn Männchen und Weibchen sehen unterschiedlich aus: Die Männchen tragen eine Mähne und sind viel schwerer und größer. Wie Du nun schon weißt, ist das ein deutlicher Hinweis darauf, dass Männchen Harems mit vielen Weibchen haben. Es sind in der Regel um die 40, manchmal sogar 100 Weibchen, die ein einzelner Bulle beansprucht!

Das Fell des heute leider gefährdeten Nördlichen Seebären galt bei den Pelzjägern als das wertvollste. Seit dem 18. Jahrhundert begann ein beispielloser Vernichtungsfeldzug gegen diese Art. Den Jägern kam zugute, dass die ansonsten im Ozean zerstreuten Tiere – sie wandern bis zu 10 000 Kilometer in den Meeren herum – in den Sommermonaten an den Küsten zusammenkamen, um ihre Familien zu gründen. Dann wurden sie zur leichten Beute.

Als Alaska noch zu Russland gehörte, wurden zumindest gewisse Fangzahlen eingehalten. Doch nachdem die USA 1867 Alaska gekauft hatten, siegte die grenzenlose Profitgier: Man jagte die Tiere ohne jede Einschränkung. Millionen Seebären wurden getötet. Erst nach 1911, als bereits ganze Kolonien vernichtet waren, begannen Länder wie die USA,

Was dieser neugierige Südafrikanische Seebär wohl entdeckt haben mag?

Russland, Japan und Kanada internationale Beschränkungen einzuführen, sodass sich die Bestände erholen konnten. Doch obwohl seit 1983 sogar jeder Fang untersagt ist, gehen die Bestände heute wieder zurück. Vermutlich ist es die Folge der Überfischung der Meere. Die Nördlichen Seebären finden schlicht nicht mehr genug Fische, um sich ausreichend vermehren zu können. Während der Jagd tauchen sie übrigens bis zu 200 Meter tief.

Nicht viel besser geht es den Namensvettern im Süden, die, wie Du schon gelesen hast, mit dem Nördlichen Seebären nicht näher verwandt sind. Alle acht Arten der Südlichen Seebären stehen in den Roten Listen gefährdeter Arten. Strenge internationale Abkommen sorgen für den Schutz dieser Tiere. Eine besonders berühmte Art ist der Galápagos-Seebär. Er gilt als stark gefährdet.

Eine riesige Kolonie Südlicher See-Elefanten, die hier zusammen mit Königspinguinen leben

Nördlicher und Südlicher See-Elefant: die Giganten unter den Robben

Anders als bei den Namensvettern Nördliche und Südliche Seebären sind die Nördlichen und Südlichen See-Elefanten einander sehr ähnlich und tatsächlich nahe miteinander verwandte „Geschwister“. Sie zählen – irgendwie überraschend – zu den Hundsrobben, die man sich doch ansonsten kleiner vorstellt, speziell wenn man an die Seehunde denkt.

Warum die See-Elefanten so heißen, siehst Du auf den ersten Blick: Die vergrößerte Nase der erwachsenen Männchen erinnert tatsächlich an einen Rüssel. Mit etwa acht Jahren wachsen die Bullen zur vollen Größe heran, und dann ist auch ihr Rüssel so weit. Er hängt über das Maul hinunter, nach unten sind auch die Nasenlöcher gerichtet. Besonders imposant wird der Rüssel in der Paarungszeit: Er ist dann stark durchblutet, vergrößert und auch etwas rötlicher als sonst.

Der Nördliche See-Elefant von der Westküste Nordamerikas ist ein bisschen kleiner als der südliche Verwandte, der in der Nähe der Antarktis lebt. Dennoch ist der Rüssel der Nördlichen See-Elefanten mit bis zu 30 Zentimeter Länge um einiges größer.

Der riesige Bulle des Nördlichen See-Elefanten (oben) mit einem Weibchen

Die Bullen beeindrucken aber nicht nur mit ihrem Rüssel, sondern allein schon durch ihre enorme Körpergröße und -masse. Sie sind konkurrenzlos die bei Weitem größten Robben der Welt. Auf unglaubliche sechseinhalb Meter Länge und dreieinhalb Tonnen, also 3 500 Kilogramm Gewicht kann es ein Bulle des Südlichen See-Elefanten bringen. Die Kühe bleiben mit maximal dreieinhalb Metern und 900 Kilogramm Gewicht deutlich kleiner.

Die meiste Zeit des Jahres sind die riesigen See-Elefanten Einzelgänger. Sie schwimmen weit in den Ozean hinaus und tauchen tiefer als jede andere Robbenart. 600 Meter sind für sie keine besondere Leistung, doch weiß man heute, dass sie es auch noch viel tiefer schaffen: 2 388 Meter wurden bereits gemessen, indem man an den Robben Messgeräte befestigte. Das ist unvorstellbar! Unter den Säugetieren können nur männliche Pottwale und Cuviers Schnabelwale noch tiefer tauchen. Ein Tier muss schon eine beträchtliche Körperfülle haben, damit das überhaupt funktionieren kann. Die große Menge Blut speichert ausreichend Sauerstoff für den Tauchgang. Zusätzlich verringern die See-Elefanten beim Tauchen die Durchblutung mancher Körperteile und Organe, um Sauerstoff zu sparen. Während der Tauchgänge erbeuten sie Fische und Tintenfische.

Zur Paarungszeit sammeln sich die riesigen Robben in großen Kolonien an den Küsten. Darin geht es wild zu: Die größten Rüsselträger versuchen ständig, andere Männchen von ihrem Harem fernzuhalten. Doch die jüngeren, noch unerfahrenen Bullen lauern am Rand der Kolonie und warten auf ihre Chance, auch einmal

Hier streiten sich Bullen des Südlichen See-Elefanten um die Weibchen

links: Wie einen Schnorchel nützt der Südliche See-Elefant seinen Rüssel
rechts: Die Bullen liefern sich blutige Kämpfe um die Weibchen, wie hier beim Nördlichen See-Elefanten

ein Weibchen abzubekommen. Manchmal erdrückt ein riesiges Männchen versehentlich ein Jungtier durch sein enormes Gewicht. Es ist laut, dauernd wird gekämpft, und zwar blutig und brutal.

Der Mensch wollte auch von dieser Art profitieren, um mit ihr Geschäfte zu machen. Seit dem 19. Jahrhundert setzten massenhafte Abschlachtungen der Riesenrobben ein, bis man die nördliche Art fast ausgerottet hatte. Nur eine Kolonie mit gerade einmal 100 Tieren überlebte auf einer mexikanischen Insel im Pazifik. Seit Jahrzehnten ist die Art nun schon streng geschützt, und die Bestände haben sich wieder erholt. Die südliche Art wurde zwar auch stark verfolgt, war aber nicht so stark bedroht wie der nördliche Verwandte. Die Zahl Südlicher See-Elefanten schätzen Wissenschaftler auf immerhin etwa 750 000 Tiere.

Nicht sehr alt

Obwohl See-Elefanten so riesig sind, werden sie nicht besonders alt. Die dauernd kämpfenden Männchen erreichen nur etwa 14 Jahre. Weibchen werden immerhin rund 18 Jahre alt. Zum Vergleich: Der älteste „richtige" Elefant lebte in Menschenobhut 86 Jahre.

Das Walross: ein Riese mit imposanten Hauern

Walrosse nehmen eine Sonderstellung ein: Sie haben keine Ohrmuscheln, sind aber dennoch mit den Ohrenrobben näher verwandt als mit den Hundsrobben. Sie haben beträchtliche Körpermaße und sind allein deswegen schon imposant. Männchen werden bis zu 1 600 Kilogramm schwer, Weibchen immerhin bis über 1 200 Kilogramm. Es ist beeindruckend, eine Gruppe dieser Tiere an der Küste oder auf dem Eis zu erblicken. Ihre rötliche Färbung bei Sonnenschein stammt von der starken Durchblutung der Haut. Doch noch auffälliger als die bloße Größe sind die Hauer, die langen Eckzähne des Oberkiefers, die bei manchen Bullen einen Meter Länge und fünf Kilogramm Gewicht erreichen.

Die Hauer sind richtige Waffen: Die Walrossbullen können damit Feinde abwehren, aber auch untereinander kämpfen. Doch helfen ihnen die langen Zähne auch bei „friedlichen Zwecken“: Sie schlagen damit beispielsweise die Eisdecke auf, um abtauchen zu können. Lange Zeit dachte man, dass sie mit den Zähnen zudem den Meeresgrund aufwühlen, um ihre Nahrung zu finden – besonders lieben sie Muscheln, doch fressen sie auch Krebse, Fische, Seeigel und andere Meerestiere. Allerdings hat sich das als „Märchen“ entpuppt. Vielmehr setzen sie zum Aufwühlen des Untergrundes überwiegend die rechte Flosse ein, viel seltener die linke. Walrosse sind also zumeist „Rechtshänder“.

Ein so großes Tier braucht natürlich ordentliche Portionen: Bei einer Mahlzeit kann eine solche Robbe bis zu 50 Kilogramm Nahrung verzehren. Bullen überwältigen und fressen manchmal auch sehr große Beute – selbst andere Robben oder Seevögel. Walrosse sind also mächtige Raubtiere und wahrlich keine Kuscheltiere. Wenn kleine Kajaks zu nahe kommen, können die Bullen die Boote umstoßen und die Insassen sogar töten.

links: Walrosse sind unverwechselbare Tiere
rechts: Eisschollen bieten den Walrossen willkommene Ruheplätze

Walrosse leben nur im hohen Norden, in der Arktis also. Eine Unterart bevölkert die Küsten und das Packeis des nördlichen Pazifiks, die zweite jene des Atlantiks. Die Art lebt überwiegend gesellig und familiär und liebt den Körperkontakt; doch diesbezüglich unterscheiden sich die atlantische und die pazifische Unterart etwas.

Alle zwei bis drei Jahre bringen die Weibchen ein Junges zur Welt. Ihre Trächtigkeit dauert sechs Monate länger als bei uns Menschen, nämlich 15 Monate. Walrossmütter kümmern sich intensiv und lange um ihren Nachwuchs, der bis zu zwei Jahre lang gesäugt wird.

Während man früher hunderttausende Walrosse vor allem wegen ihrer Stoßzähne abschlachtete, sind sie heute geschützt. Die atlantische Unterart zählt um die 20 000 Tiere, beruhigender ist der Bestand der pazifischen Unterart mit der zehnfachen Zahl.

Gigantische Hauer besitzt dieses Pazifische Walross

Der Seeleopard sieht zwar freundlich aus, ist aber ein gefährliches Raubtier

Seeleopard: gefährlicher Einzelgänger

Bereits der Name verrät es: Der Seeleopard hat nicht nur ein geflecktes Fell, sondern ist auch ein gefährliches und flinkes Raubtier der südlichen Polarregion, der Antarktis also. Nur noch Schwertwale sind in dieser Gegend des Weltmeeres stärker. Seeleoparden erbeuten vor allem andere Robben, bevorzugt junge Krabbenfresser. Aber auch Pinguine und Tintenfische stehen auf dem Speisezettel. Sogar Krill wird nicht verschmäht.

Um größere Beute überwältigen zu können, muss der Seeleopard selbst groß genug und kräftig sein: Drei bis vier Meter Länge und mehr als 300 Kilogramm Gewicht machen ihn zu einem gefürchteten Jäger. Bereits das kräftige Gebiss mit starken Zähnen und der abgeflachte, eher länglich wirkende Kopf, der an den einer Echse erinnert, vermitteln den Eindruck der Gefährlichkeit. Mit einer rundlichen, niedlich wirkenden Jungrobbe hat dieses Tier wenig Ähnlichkeit!

Pinguine zählen zur Lieblingsbeute des Seeleoparden

Solltest Du zu den wenigen glücklichen Menschen gehören, die es jemals im Leben in die Antarktis schaffen, dann solltest Du daran denken, dass es dort Raubtiere gibt, die aus dem Wasser springen und Lebewesen am Rande einer Eisscholle packen und ins Wasser ziehen können. So machen es Seeleoparden mit ihrer Beute, den Pinguinen. Auch Boote wurden wiederholt attackiert. Südpolarforscher haben dies schon öfters erlebt und besitzen daher vor der Robbe den nötigen Respekt. Doch übermäßige Angst zu schüren, ist auch nicht angebracht. Todesfälle sind sehr selten: So wurde die britische Wissenschaftlerin Kirsty Brown im Jahr 2003 in der Nähe einer Forschungsstation beim Schnorcheln von einem Seeleoparden angegriffen und getötet. Die meisten anderen Angriffe sind zum Glück glimpflicher ausgegangen. Taucher schwimmen sogar manchmal mit Seeleoparden und bringen immer mehr atemberaubende Unterwasserfotos von diesen Tieren mit. Dennoch sollte kein vernünftiger Mensch ein solch mächtiges Tier unterschätzen. Es ist uns in seinem Element haushoch überlegen!

Seeleoparden sind Einzelgänger. Abgesehen von der Paarungszeit zwischen November und Februar haben Männchen und Weibchen so gut wie keinen Kontakt. Bei dieser Art sind übrigens die Weibchen das deutlich größere Geschlecht – manche können vier Meter Länge erreichen, Männchen werden „nur“ drei Meter lang.

Manchmal attackieren Seeleoparden sogar Boote

Obwohl dieser Seeleopard sicher nur neugierig ist, heißt es, vorsichtig zu sein

Seehund und Kegelrobbe: Robben an Deutschlands Küsten

An deutschen Küsten kannst Du mit etwas Glück zwei Robbenarten beobachten: Seehund und Kegelrobbe. Die Ringelrobbe erwähne ich im nächsten Kapitel – sie kommt nicht mehr in Deutschland vor, sondern weit in der nordöstlichen Ecke der Ostsee.

Wenn Du Dir die Merkmale von Seehund und Kegelrobbe gut einprägst, kannst Du die beiden kaum verwechseln: Seehunde sind kleiner und schlanker als die viel massigeren Kegelrobben, außerdem haben sie einen rundlichen und keinen spitz zulaufenden Kopf. Männliche Kegelrobben kannst Du allein schon an ihrer größeren Schnauze erkennen. Solltest Du ganz nahe herankommen: Seehunde haben eine V-förmige Nasenöffnung.

Seehunde zählen zu den Hundsrobben, ihnen fehlen also Ohrmuscheln. Sie sind dunkelgrau und unregelmäßig schwarz gefleckt. Den weltweiten Bestand schätzen Forscher auf vielleicht eine halbe Million Tiere. Davon kommt an den europäischen Küsten weniger als ein Fünftel vor.

Der beste Platz, um sie in Deutschland zu beobachten, ist die Nordseeküste. In der Ostsee sind sie hingegen viel seltener als Kegel- und Ringelrobben. Nur noch 250 Seehunde werden dort gezählt. Am ehesten findet man sie noch an den Küsten dänischer Inseln und Südschwedens. Nur gelegentlich verirren sich junge Seehunde an die deutschen Ostseeküsten.

Ein Hund in der See?

„Der Name ‚Seehund‘ leitet sich von See und Hund ab.“ Richtig? Nein, das ist falsch! Vielmehr leitet sich der Name von alt- und mittelhochdeutschen Wörtern wie selha, sēlah, sel und seleh für Robbe ab. Wir finden diese Wurzeln ebenfalls noch im englischen „seal“ und im schwedischen „säl“, was ebenfalls jeweils „Seehund“ beziehungsweise „Robbe“ bedeutet.

Auf Helgoland kannst Du Seehunde beobachten

Heute sind Seehunde zum Glück streng geschützt

Seit alter Zeit, vielleicht sogar schon seit der Jungsteinzeit vor fast 10 000 Jahren, wurden Seehunde bejagt. Die Bewohner der Küsten aßen ihr Fleisch, gewannen Öl aus ihnen und nähten Kleidung aus dem Fell. Manchmal hatten sogar Binnenfischer an Rhein, Weser und Elbe das Glück und erbeuteten mit ihren Netzen einen Seehund; die Tiere schwammen in jener Zeit regelmäßig die Flüsse stromaufwärts.

Zu Beginn der modernen Zeit entwickelten die Fischer an der Nordsee einen regelrechten Groll auf die Seehunde. Sie waren der Meinung, diese seien für den einsetzenden Rückgang der Fischbestände verantwortlich. Auf die Idee, dass der Mensch selbst dafür die Verantwortung trug, kamen sie scheinbar nicht. Fischer übten Druck auf die Regierung aus, man solle die Seehunde ausrotten. Bald wurde für jeden erlegten Seehund sogar eine Prämie bezahlt. Ein seltsames Wesen ist der Mensch: Er schiebt die Probleme, die er selbst verursacht, wehrlosen Kreaturen in die „Schuhe“. In knapp 40 Jahren wurden in der Ostsee mehr als 353 000 Seehunde getötet. Nicht anders erging es den Artgenossen in der Nordsee, doch ist die so weitläufig, dass eine endgültige Ausrottung den Menschen nicht leichtfiel, auch wenn die Bestände nur noch klein waren.

Schließlich verbot man die Jagd in den Niederlanden, Deutschland und in Dänemark. Schutzgebiete wie der Nationalpark Schleswig-Holsteinisches Wattenmeer bieten den Tieren heute eine sichere Zuflucht. Wenn nur nicht die massive Vergiftung der Meere für neue Probleme sorgen würde …

Heuler

Junge Seehunde heulen laut, wenn sie tagelang nicht mehr gesäugt worden sind, weil die Mutter aus irgendeinem Grund verloren gegangen ist. Solche Jungtiere nennen wir darum „Heuler“. Tierfreunde versuchen, diesen Robbenbabys in Stationen zu helfen, in denen sie gefüttert werden, bis sie groß genug sind, um sich alleine zurechtzufinden.

Seehunde muss man einfach gern haben!

Mutter Kegelrobbe spielt mit ihrem Jungen

Die Bindung von Mutter und Jungtier ist sehr eng

Die Kegelrobbe erreicht immerhin 250 Kilogramm Gewicht und mehr – sie ist die größte Robbe, die Du an den Küsten Deutschlands erblicken kannst. Ihren Namen verdankt sie der Form ihrer Zähne. Noch im Mittelalter waren Kegelrobben im Wattenmeer gleich häufig wie Seehunde, vielleicht sogar häufiger. Doch frisst eine ausgewachsene Kegelrobbe bis zu zehn Kilogramm Fisch pro Tag, und wertvolle Fische, die wir Menschen für uns allein beanspruchen, zählen zu ihrer Lieblingsnahrung: Makrelen, Schollen, Lachse, Dorsche und Heringe. Es überrascht nicht, dass der Mensch bald damit begann, auch diese Tiere auszurotten. Die Fischer an der Nordsee sagten sich: „Sie oder wir! Entweder wird durch die Robben unsere Existenzgrundlage zerstört, oder die Robben müssen weg." Sogar Geldprämien wurden für jede erlegte Robbe gezahlt.

In der Ostsee erging es den Robben noch schlechter. Um das Jahr 1930 waren Seehund und Kegelrobbe im westlichen Teil der Ostsee praktisch ausgerottet.

Heute stehen Kegelrobben, wie alle anderen Robbenarten auch, unter Schutz. Sie kommen im Westen des Atlantiks an den kanadischen Küsten vor, in Europa an den Küsten Großbritanniens, Irlands, Islands und der Färöer-Inseln und in der Ostsee nur in der nördlichsten Ecke zwischen Schweden, Finnland und den Baltischen Staaten. Doch zum Glück wandern jüngere Tiere von ihren elterlichen Beständen ab – darum kannst Du gelegentlich Kegelrobben an den Küsten von Nordsee und Ostsee bewundern.

Allmählich stabilisieren sich die Bestände, so bei der westfriesischen Insel Terschelling, bei der nordfriesischen Insel Amrum, bei Helgoland, bei Juist und an anderen Stellen. Experten sind sich einig, dass der Nachschub aus Großbritannien für diesen Nordseebestand von entscheidender Bedeutung ist. In Mecklenburg-Vorpommern sind Kegelrobben bereits regelmäßige Gäste, und der Nationalpark Vorpommersche Boddenlandschaft freut sich über ihre Anwesenheit. Doch die Ostseefischer sind skeptisch wie eh und je. Sie stemmen sich gegen eine Wiederansiedlung der Kegelrobben in manchen Bereichen der Ostsee.

Die Nordsee und auch die Ostsee sind generell nicht besonders tief, und die Kegelrobben sind ausgezeichnete Taucher. Dass sie weit über 100 Meter tief abtauchen und 20 Minuten lang unter Wasser bleiben können, macht sie zu guten Fischern. Auch die Scholle am Meeresgrund ist vor ihnen nicht sicher. Noch viel überraschender aber ist, dass sie selbst Schweinswale angreifen und erbeuten, die fast gleich groß wie sie selbst sind!

Im östlichen Atlantik, bei uns in Europa also, leben heute insgesamt wieder an die 100 000 Kegelrobben, ein großer Teil davon an den Küsten Großbritanniens.

Kegelrobben wirken pummelig, sind aber geschickte Schwimmer

Diesen Zähnen entkommt keine Beute!

Genau wie Seehunde sind auch Kegelrobben gesellige Tiere

Ringelrobben leben in den kälteren Gebieten des hohen Nordens

Selbst das Gesicht der Ringelrobbe ist flauschig behaart, um sie vor Kälte zu schützen

Die Ringelrobbe: eine weitere Art an den Küsten Europas

Die Ringelrobbe erhielt ihren Namen nach den hellen Ringen auf dem Fell. Sie lebt nur im hohen Norden, auch die nordöstlichste Ecke der Ostsee zählt zu ihrem Verbreitungsgebiet. Nur sehr selten verirren sich einzelne Ringelrobben bis an deutsche Ostseeküsten – damit ist es keine Art, die normalerweise in Deutschland vorkommt.

Selbst wenn wir im Naturschutz alles richtig machen, die Tiere in Ruhe lassen und schützen und sie sich ungestört vermehren können, sind sie noch lange nicht sicher. Das gilt für die meisten Tier- und Pflanzenarten. Denn es gibt auch weltweite Veränderungen auf dieser Erde, und zu diesen gehören die Überfischung oder der Klimawandel. Der Mensch ist dafür zu einem großen Teil verantwortlich. Weil die durchschnittlichen Temperaturen auch im Winter seit Jahrzehnten steigen, ist der Norden der Ostsee immer kürzer zugefroren. Doch genau dieses Eis und auch den Schnee brauchen die Ringelrobben, um darauf ihre Jungen aufzuziehen. Wenn

das Eis zu bald schmilzt, sind die Jungtiere noch nicht so weit, um kaltes Wasser zu ertragen. Die schützende Fettschicht ist dann noch nicht ausreichend ausgebildet, und sie haben noch keine Erfahrung beim Schwimmen und Tauchen. Viele Jungtiere sterben unter diesen Bedingungen.

Ringelrobben sind an einen rauen, nordischen Lebensraum und an Eis angepasst. Es ist unglaublich, aber mit den mächtigen Krallen ihrer Vorderflossen können sie Eislöcher auch bei starkem Frost offen halten, selbst wenn die umgebende Eisschicht mehr als zwei Meter dick ist! Sie sind aber auch klug und nehmen keine unnötige Arbeit auf sich: Es ist wesentlich leichter, ein vorhandenes Loch zu vergrößern, als ein eigenes zu graben.

Weit im Norden, im Nordpolarmeer, leben noch etwa sieben Millionen Ringelrobben. Die dortige Unterart ist also nicht unmittelbar bedroht. Doch die Population der Ostsee ist es sehr wohl, und ebenso zwei andere kleine Unterarten, die Saimaa-Ringelrobbe und die Ladoga-Ringelrobbe (siehe auch Seite 17). Ringelrobben sind, anders als die meisten anderen Robben, eher Einzelgänger.

Vater und Sohn fotografieren, wie eine Ringelrobbe vorsichtig in ihrem Atemloch auftaucht

links: Unter Wasser sehen Kalifornische Seelöwen hervorragend
rechts: Ein Kalifornischer Seelöwe spielt mit einem Seestern

Kalifornischer Seelöwe

Der Kalifornische Seelöwe – eine Ohrenrobbe, wie Du auf den Fotos unschwer erkennst – ist wahrscheinlich die bekannteste Robbenart überhaupt, obwohl sich ihre Verbreitung auf die Pazifikküste Nordamerikas beschränkt. Ihre Bekanntheit liegt daran, dass nahezu jede Robbe, die in einem Zoo, Aquapark, Zirkus oder einer Tiershow vorgeführt wird, zu dieser Art zählt. Auch viele Zoos des deutschsprachigen Raums halten sie. Da Robben zu den Raubtieren gehören, ist es nicht ohne weiteres möglich, jede Art problem- und gefahrlos zu dressieren. Kaum jemand ist bisher auf die Idee gekommen, etwa mit Seeleoparden aufzutreten ...

Seelöwen dagegen haben ein ziemlich friedliches Gemüt und sind leicht zähmbar. Außerdem sind sie die vielleicht elegantesten und schnellsten Robben, unglaublich flink und gelenkig. 40 Stundenkilometer erreichen sie im Wasser! Sicher ist bei der Dressur ein 90 Kilogramm „leichtes" Weibchen besser zu handhaben als ein über zwei Meter langer und 400 Kilogramm schwerer Bulle.

Die stärksten Männchen haben in der Regel die größten Harems. Wer die außergewöhnliche Gelegenheit hat, im Lebensraum dieser Tiere zu tauchen, freut sich sicher ungemein über Begegnungen mit Weibchen und Jungtieren: Sie sind niedlich, neugierig und sehr verspielt. Wenn dagegen plötzlich ein Bulle auftaucht, kriegt man es mit der Angst zu tun. Auch wenn er in der Regel nichts tut.

Was ihre Beziehung zu Menschen betrifft, hätten jedoch auch sie jeden Grund, die Zusammenarbeit abzulehnen. Denn ihre Art wurde während des 19. Jahrhunderts nahezu ausgerottet. Wenig hatte gefehlt, und der Kalifornische Seelöwe wäre unwiederbringlich verloren gewesen. Mittlerweile ist der Bestand in den USA und an den Küsten Mexikos wieder auf mehr als 150 000 Exemplare angestiegen.

links: Der Größenunterschied zwischen dem riesigen Bullen und dem Weibchen ist enorm
rechts: Wer sagt denn, dass sich auf so einer gemütlichen Bank nur Menschen ausruhen dürfen?

Pure Eleganz unter Wasser: der Kalifornische Seelöwe

Anders als die riesigen See-Elefanten oder die bulligeren Seebären entfernen sich Seelöwen seltener weit von der Küste. Auch tauchen sie nicht allzu tief, in der Regel kaum unter 50 Meter. Wie viele andere Robben begeistern sie sich für Fische und Tintenfische auf ihrem Speiseplan, und ihre Geselligkeit zeigt sich auch während der Jagd. Sie tauchen nämlich oft in Gruppen und jagen Fischschwärme. Gemeinsam sind sie offenbar erfolgreicher!

Wie bei Robben üblich, bekommt das Weibchen fast immer nur ein Junges. Es ist bemerkenswert, wie schnell die Jungen selbstständig werden. Nach nur gut einer Woche des Stillens und zwei Wochen der Abhängigkeit von der Mutter leben die putzigen Jungtiere mehr oder weniger unabhängig in „Jugendgruppen“. Mit vom Schönsten, was einem Naturbeobachter passieren kann, ist ein Schnorchelgang in einer Gruppe solch verspielter Jungtiere. Sie drehen und wenden sich blitzschnell, kommen ganz nahe, schauen in die Tauchermaske und stoßen Luftblasen zum Spielen aus.

Nahe Verwandte

Dem Kalifornischen Seelöwen sehen der Galápagos-Seelöwe und der Japanische Seelöwe recht ähnlich. Lange Zeit hielt man sie für Unterarten ein und derselben Spezies.

Mittelmeer-Mönchsrobbe: die einzige Robbe des Mittelmeeres

Der berühmteste griechische Naturphilosoph war zweifellos Aristoteles, der im 4. Jahrhundert vor Christus lebte. Er beobachtete die Tiere nahezu wie ein moderner Wissenschaftler und schrieb seine Erkenntnisse nieder. Es war nicht alles richtig, was er folgerte, dennoch setzte er Maßstäbe.

Für immer verloren

Die Karibische Mönchsrobbe war wohl das erste amerikanische Tier, das von Kolumbus und seinen Männern beobachtet und auch schriftlich erwähnt wurde. Einst war die Art in der gesamten Karibik und im Golf von Mexiko verbreitet. Die letzten gesicherten Beobachtungen gehen auf das Jahr 1952 zurück. Damals wurde eine Kolonie Karibischer Mönchsrobben auf der Seranilla-Sandbank südlich von Jamaika gesehen. Seitdem gibt es keine wissenschaftlich bestätigte Sichtung mehr, obwohl Fischer gelegentlich behaupteten, Robben gesehen zu haben. Vermutlich handelte es sich dabei aber um Klappmützen. Suchexpeditionen zur Wiederentdeckung der Robbenart waren erfolglos, und so wurde die Art offiziell für ausgestorben erklärt.

Griechenland liegt am Mittelmeer, und im Mittelmeer lebt nur eine Robbenart – die Mönchsrobbe. Heute ist die Art vom Aussterben bedroht, doch in den Tagen von Aristoteles war sie wesentlich häufiger. So wurde die Mönchsrobbe zum Studienobjekt von Aristoteles und zu jener Robbenart, die überhaupt als Erste in irgendeinem Buch beschrieben wurde. Die Schriften von Aristoteles wurden Jahrhunderte lang abgeschrieben und in andere Sprachen übersetzt. Die Mönchsrobbe wurde für lange Zeit sozusagen zur berühmtesten Robbe der Welt. Das war lange vor den großen Seereisen der Europäer, bei denen schließlich viele andere Robbenarten entdeckt wurden.

Zugegeben, der Text von Aristoteles klingt nicht ganz wie ein Lehrbuch der modernen Zeit. Doch ist er auch mehr als 2 300 Jahre alt und damit absolut einzigartig. Es ist unterhaltsam, darin zu lesen. Hier also einige Zeilen aus der ältesten Beschreibung einer Robbe – drei Punkte in Klammerzeichen bedeuten, dass an dieser Stelle Text ausgelassen wurde. Aristoteles war wahrlich ein genauer Beobachter, der unsere Bewunderung verdient!

Die Mönchsrobbe ist die einzige Robbenart des Mittelmeers

An manchen Buchten trauen sich die Mittelmeer-Mönchsrobben bis direkt in die Nähe der Badenden

Die Mönchsrobbe ist eine Art merkwürdiger Vierfüßler (...) Die Vorderfüße sehen jedoch wie Fischschwänze aus (...) Die Robbe gehört zu den Tieren, die am Lande und im Wasser leben können. Sie nimmt (...) das Wasser nicht auf, sondern atmet und schläft (...) am Land, freilich am Strand, wie ein Tier, das zwar Landtier ist, aber sich die meiste Zeit im Meer aufhält und sich aus ihm nährt. Daher ist bei den Wassertieren über sie zu sprechen. Sie entwickelt (...) in sich lebende Junge, gebiert sie lebend (...) Sie hat ein oder zwei Junge (...) und besitzt zwei Zitzen, an denen die Jungen saugen, wie bei den Säugetieren ... Sind die Kleinen zwölf Tage alt, führt sie sie oft am Tag ins Wasser, um sie allmählich daran zu gewöhnen. Abhänge rutscht sie hinab, ohne zu laufen, weil sie sich mit den Füßen nicht gegen etwas zu stemmen vermag.

Aristoteles

Die Mönchsrobbe wurde schon seit Urzeiten vom Menschen bejagt, denn die Mittelmeerregion gehört mit zu den am längsten besiedelten Gebieten der Erde. Archäologen haben herausgefunden, dass bereits Steinzeitmenschen Jagd auf Robben machten. Im Jahr 1991 wurden in der Cosquer-Grotte in Südfrankreich mehr als 20 000 Jahre alte Höhlenmalereien und Höhlenzeichnungen entdeckt, auf denen neben anderen Tieren auch Robben dargestellt sind. Dabei kann es sich nur um die Mönchsrobbe handeln.

Das Mittelmeer ist leider eines der am meisten verschmutzten Meere der Welt. Die wenigen Mönchsrobben, die hier leben, haben es wahrlich nicht leicht. Das Wasser und die Nahrung sind durch Gifte belastet, es gibt nicht mehr ausreichend Fische, die Robben werden mancherorts von den Fischern gehasst, weil sie die wenigen Fische nicht mit den Robben teilen wollen, und es gibt kaum mehr ein abgelegenes Plätzchen, wo die Robben in Ruhe ihre Jungen aufziehen könnten. Touristen, Motorboote und Taucher machen selbst die verborgensten Orte unsicher. Langleinen, Fischernetze, Plastik, Kollisionen mit Booten, der Lärm – all das setzt den Tieren zu.

Früher haben Mönchsrobben, wie andere Robben auch, an Stränden geruht. Doch flüchteten sie im Lauf der Jahrhunderte immer weiter in abgelegene, schwer zugängliche Höhlen an zerklüfteten Küsten. Aber selbst in den Höhlen sind die Tiere heute nicht mehr vor uns Menschen sicher. Dass sich die Lebensweise wieder ändern kann, wenn der Druck durch den Menschen wegfällt, zeigen Beobachtungen von den streng geschützten Inseln namens Islas Desertas bei Madeira im Atlantischen Ozean: Muttertiere kehren mit ihren Kälbern zunehmend auf Sandstrände zurück. Das geschieht zum ersten Mal seit langer Zeit. Ähnliche Beobachtungen gibt es aus der Türkei und aus Griechenland. Vielleicht gibt es also für die Mönchsrobben doch eine Hoffnung?

Als die Portugiesen 1463 die Atlantikküste Afrikas entlangsegelten, fanden sie noch auf Sandbänken Kolonien von geschätzten 5 000 Tieren. Das zeigt, dass die Mönchsrobbe von Natur aus kein Einzelgänger und kein Höhlenbewohner ist. Heute ist die Mittelmeer-Mönchsrobbe die seltenste Robbe und eines der seltensten Säugetiere der Erde. Insgesamt gibt es wohl nur noch 400 bis 500 Exemplare.

Von Sirenen und Robben

Ob wohl die in der griechischen Mythologie vorkommenden Sirenen ihren Ursprung in der Beobachtung von Mönchsrobben haben? Sirenen sind weibliche Fabelwesen, Mischwesen aus ursprünglich Frau und Vogel, später Frau und Fisch. Durch ihren betörenden Gesang locken sie die vorbeifahrenden Schiffer an, um sie zu töten. Wenn Robben so wie hier diese Stellerschen Seelöwen aus dem Wasser schauen, könnte man sie aus der Ferne schon für menschenähnliche Fabelwesen halten.

Großes Robben-Quiz

Du weißt jetzt schon gut Bescheid über Robben. Bestimmt kannst Du Deinen Freunden und Verwandten Spannendes aus dem Leben dieser eleganten Schwimmer erzählen. Hast Du Lust, Dein Wissen zu testen? Dann kreuze bei jeder Frage die Antwort mit Bleistift an, die Du für richtig hältst. Zwei Mal sind auch mehrere Antworten korrekt. Auf Seite 64 findest Du die Lösungen. Ich wünsche Dir viel Spaß und Erfolg!

1. Zu welcher Gruppe zählen Zoologen die Robben?

a) zu den Fischen ❍
b) zu den Säugetieren ❍
c) zu den Amphibien, da sie an Land und im Wasser leben können ❍

2. Meeressäuger wie Robben atmen durch:

a) Kiemen ❍
b) die dünne Schleimhaut in ihrem Mund ❍
c) Lungen, wie alle Säugetiere ❍

3. Blubber ist:

a) die dicke Fettschicht unter der Haut, die vor der Kälte schützt ❍
b) ein seltsames Geräusch, das Robben während der Balz von sich geben ❍
c) das Geräusch, das unter Wasser beim Ausatmen der Tiere entsteht ❍

4. Robben leben überwiegend:

a) an Land ❍
b) im Meer ❍
c) an den großen Flüssen der Erde ❍

5. Wie viele Robbenarten gibt es weltweit?

a) etwa 450 ❍
b) nur noch acht ❍
c) 34 ❍

6. Robben haben sich vor Jahrmillionen aus Landtieren entwickelt, die eine Ähnlichkeit hatten mit:

a) Löwen (daher Seelöwen) ❍
b) Fischottern ❍
c) Hunden (daher Seehunde) ❍

7. Die größten Robben sind die:

a) See-Elefanten ❍
b) Mönchsrobben im Mittelmeer ❍
c) Seehunde ❍

8. Wo kommen die jungen Robben zur Welt?

a) wie auch die Wale und Delfine im Meer ❍
b) immer an den Küsten ❍
c) die Robben ziehen sich dafür in die Tiefsee zurück ❍

9. Was sind Vibrissen?

a) besondere Tasthaare auf der Schnauze, mit denen die Robben sozusagen unter Wasser „sehen" können ❍
b) lange Haare auf den Ohren ❍
c) auffällige Wimpern ❍

10. Robben fressen besonders gern:

a) Tang, Algen und Seegras ❍
b) Fische, Tintenfische, Muscheln, Krebse und andere Tiere, also fleischliche Kost ❍
c) sie bevorzugen gemischte Kost und fressen zu jedem Fisch auch einige Algen („Meersalat") ❍

11. Robben können so tief tauchen:

a) nur maximal etwa 15 Meter ❍
b) einige bis über 1 000 Meter ❍
c) bis zum tiefsten Grund der Ozeane ❍

12. Beim Tauchen können sie die Luft so lange anhalten:

a) schon nach einer Minute drohen sie zu ersticken ❍
b) etwa 5 Minuten ❍
c) manche Arten bei tiefen Tauchgängen bis zu einer halben oder ganzen Stunde ❍

13. Robben leben überwiegend:

a) in den tropischen Meeren ❍
b) in den gemäßigten Meeren wie dem Mittelmeer ❍
c) in den kalten Meeren der Nord- und Südhalbkugel ❍

14. Welche Robben können ihre Hinterfüße nach vorne richten, um sie zur Fortbewegung an Land einzusetzen?

a) Ohrenrobben und Walrosse ❍
b) nur die Mittelmeer-Mönchsrobbe, schon Aristoteles hat darüber geschrieben ❍
c) Alle Hundsrobben ❍

15. Welche Robbenart kann sogar dem Menschen gefährlich werden:

a) die Hawaii-Mönchsrobbe ❍
b) der Seehund in der Nordsee ❍
c) der Seeleopard in der Antarktis ❍

16. Welche Tiere können Robben in ihrem Lebensraum, dem Ozean, gefährlich werden?

a) Große Haie wie der Weiße Hai und Orcas ❍
b) Delfine ❍
c) Eisbären ❍

17. Mönchsrobben zählen zu den:

a) Ohrenrobben ❍
b) Hundsrobben ❍
c) Walrossen ❍

18. Robben sind gefährdet, weil:

a) die Menschen ihnen wegen ihres Fells, Fetts und Fleisches lange Zeit nachgestellt haben ❍
b) sie durch die Umweltbelastung durch Gifte immer mehr schädliche Stoffe in ihrem Körper anhäufen ❍
c) die Meere überfischt sind und sie nicht genug Nahrung finden oder mit den Fischern in Konkurrenz geraten ❍

19. Ein Walross kann mit seinen langen Hauern:

a) Beute fangen ❍
b) Muscheln vom Grund abkratzen ❍
c) mit Artgenossen um die Weibchen kämpfen und seinen hohen Rang in der Gruppe anzeigen ❍

20. Ein Walrossweibchen säugt seinen Nachwuchs:

a) zwei Wochen ❍
b) nur einen Monat ❍
c) bis zu zwei Jahre ❍

Lösungen zum Robben-Quiz:

1) b: Robben sind natürlich Säugetiere.
2) c: Robben atmen mithilfe ihrer Lunge.
3) a: Blubber ist die dicke Fettschicht unter der Haut.
4) b: Überwiegend leben Robben im Meer. Vor allem zur Fortpflanzung und zur Aufzucht der Jungen kommen sie phasenweise auch an Land.
5) c: Heute leben noch 34 Robbenarten.
6) b: Die Vorfahren der Robben ähnelten dem Fischotter.
7) a: See-Elefanten sind die größten Robben.
8) b: Die Babys der Robben werden immer an der Küste geboren.
9) a: Vibrissen heißen die langen Tasthaare an der Schnauze der Robbe.
10) b: Robben fressen nur andere Meerestiere.
11) b: Manche Robben tauchen bis über 1 000 Meter tief, See-Elefanten sogar bis über 2 000 Meter!
12) c: Manche Arten können bis zu eine Stunde lang unter Wasser bleiben.
13) c: Die meisten Robbenarten leben in den kalten Meeren von Nord- und Südhalbkugel.
14) a: Ohrenrobben und Walrosse können die flossenartigen Hinterfüße nach vorne drehen und zur Fortbewegung an Land nutzen.
15) c: Im Ausnahmefall haben See-Leoparden schon Menschen angegriffen.
16) a, c: Große Haie, Orcas und der Eisbär können Robben erbeuten.
17) b: Mönchsrobben zählen zu den Hundsrobben.
18) a, b, c: Leider treffen alle drei Antworten zu.
19) c: Mit den Hauern kämpfen die Bullen um die Weibchen. Außerdem zeigen sie den Rang ihres Besitzers an.
20) c: Walrossjunge werden bis zu zwei Jahre lang gesäugt.

Entdecke die Reihe mit der Eule!

Entdecke die Eulen

Entdecke die Greifvögel

Entdecke die Geier

Entdecke die Rabenvögel

Entdecke die Spechte

Entdecke die Finken

Entdecke die Spatzen

Entdecke die Eisvögel

Entdecke die Zugvögel

Entdecke die Singvögel

Entdecke die Meisen

Entdecke die Kraniche

Entdecke die Störche

Entdecke Schwäne, Gänse & Enten

Entdecke die Möwen

Entdecke die Pinguine

Entdecke die Papageien

Entdecke die Kolibris

Entdecke die Fledermäuse

Entdecke die Hunde

Entdecke die Schafe

Entdecke die Ziegen

Entdecke die Kühe

Entdecke die Pferde

Entdecke die Esel

Entdecke die Igel

Entdecke die Maulwürfe

Entdecke die Waschbären

Entdecke die Biber

Entdecke die Otter

Entdecke heimische Wildtiere

Entdecke die Wölfe

Entdecke die Bären

Entdecke die Tiger

Entdecke die Menschenaffen

Entdecke Affen und Lemuren

Entdecke die Hyänen

Entdecke die Pandas

Entdecke die Elefanten

Entdecke die Nashörner

Entdecke die Giraffen

Entdecke die Antilopen

Natur und Tier - Verlag GmbH
An der Kleimannbrücke 39/41 · 48157 Münster

Telefon: 0251 - 13339-0 · Fax: 0251 - 13339-33
E-Mail: verlag@ms-verlag.de · www.ms-verlag.de